Inhalt

Managemententscheidungen - rational kontra intuitiv

Kernthesen

Beitrag

Fallbeispiele

Weiterführende Literatur

Impressum

GENIOS WirtschaftsWissen Nr. 11/2008 vom 03.11.2008

Managemententscheidung - rational kontra intuitiv

C.F.Dobner

Kernthesen

- Neben Rationalität und Objektivität prägen Intuition, Emotionen und Affekte das moderne Bild des Homo oeconomicus.
- Unter der neuen Entscheidungstheorie versteht die Wissenschaft eine Zusammenführung der kognitiven, der evolutionären sowie der sozialen Welt.
- Intuition definiert sich aus schneller Urteilsbildung, Handlungsleitung und einem unbewussten Prozess.

Beitrag

Wesentliche Managemententscheidungen basieren grundsätzlich auf einem Zusammenspiel beider Gehirnhälften. Das sogenannte Kopfgehirn, die linke Gehirnhälfte, entscheidet nach analytischen Gesichtspunkten, während das sogenannte Bauchgehirn, die rechte Gehirnhälfte, intuitiv entscheidet. Der intuitiven Entscheidung kommt gerade bei größeren, komplexeren Zusammenhängen eine besondere Bedeutung zu, da im Unterbewusstsein ein wertvoller Erfahrungsschatz gespeichert ist.

Intelligenz besteht aus mehr als aus rationaler Entscheidungsfähigkeit

Menschen haben mehr als nur einer Form der Intelligenz. Wissenschaftler und Psychologen zählen mindestens sieben Formen der Intelligenz, zu denen neben der Fähigkeit rational zu denken auch Fähigkeiten wie Kreativität, Flexibilität, kognitive Fähigkeiten und soziale Intelligenz gehören. Die sich ebenfalls im Kopf abspielende intuitive Intelligenz wird häufig auch mit den Begrifflichkeiten Bauchgefühl oder Intuition ausgedrückt.

Gerade Entscheidungsträger sollten sich bewusst

machen, dass Intelligenz nicht wie eine Maschine funktioniert, sondern eine Vielzahl weiterer Fähigkeiten zur einfachen Lösung komplexer Zusammenhänge mit einbezieht.
Eine besondere Schwierigkeit besteht darin den intuitiven Teil eines Entscheidungsprozesses greifbar zu machen bzw. zu artikulieren. Führende einschlägige Literatur versucht, eine plastische Darstellung mit Schlagsätzen wie das Beste zuerst oder Weniger ist mehr zu erreichen.

Für eine Führungsperson maßgeblich ist, zu differenzieren und zu erkennen wann ein Bauchgefühl und wann eine rationale Entscheidung, oder ob ausschließlich ein Zusammenspiel zum Erfolg führen kann. Historische Auswertungen belegen vielfach, dass Entscheidungen basierend auf reiner Rationalität betriebswirtschaftlich nicht zwangsläufig zum Erfolg führen. Faktoren wie das eigene Risikoverhalten des Entscheidungsträgers, die emotionale Beschaffenheit, sowie Affekte haben einen maßgeblichen Einfluss auf Entscheidungen.

In der von der Wissenschaft für Managemententscheidungen entwickelten neuen Entscheidungstheorie, die spezifisch für die Bereiche Marketing und Human Resource Management entwickelt wurde, überwiegt der intuitive Teil einer Entscheidung, der sich aus kognitiven, evolutionären und sozialen Aspekten zusammensetzt. (1), (2), (3)

Intuition im Berufsalltag - Mut zu einer besseren Fehlerkultur

Tagtäglich trifft vor allem die mittlere Führungsebene für das Unternehmen wichtige Entscheidungen, die häufig in nur wenigen Minuten getroffen werden müssen. Nicht selten sind auch Manager dabei zwischen rationaler und intuitiver Entscheidung hin und her gerissen. Die beste Entscheidung entsteht dann, wenn ein Zusammenspiel von Bauch- und Kopfentscheidung stattfindet und im Zweifelsfall die Intuition, deren Entscheidung auf mehr als elf Millionen Sinneseindrücke pro Minute basiert, überwiegt. Aus Gründen der Vollständigkeit sei angemerkt, dass in Kopfentscheidungen nur rund 40 Sinneseindrücke pro Minute mit einfließen.

In Berufen wie zum Beispiel in der Notfallambulanz oder bei Berufssportlern nimmt das Bauchgefühl eine noch wesentlicherer Rolle als bei rein ökonomischen Entscheidungen ein, da es hier über Leben und Tod, oder über Sieg und Niederlage entscheidet. Die in diesen Berufssparten in Sekundenbruchteilen getroffenen Entscheidungen sind in aller Regel besser als die Entscheidung, die getroffen worden wäre wenn man rational an Hand von Faktoren wie Zahlen, Charts oder Analysen entschieden hätte.

Bereits eine Reihe moderner Unternehmen nutzt diese Erkenntnis mit Hilfe einer sogenannten Intuitionsforschung insbesondere im Bereich Marketing zur Steigerung der Wirkung von Brands und Slogans.

Für Anfänger ist im Berufsalltag jedoch empfehlenswert, eher rational zu entscheiden und mehr Zeit in intensivere Überlegungen zu investieren, da sich der Erfahrungsschatz in Bezug auf das Unternehmen noch in Grenzen hält. Routiniers dürfen sich hingegen auch bei wichtigen Entscheidungen stärker auf ihre Intuition verlassen. Im mittleren Managementbereich ist vor allem bei Expertenmeetings zu empfehlen, diese eher kurz zu halten und sich für die ersten Ideen und Lösungsansätze zu entscheiden, als über weitere auf rationalen Überlegungen basierenden Lösungsansätze zu diskutieren. Bei Trainee- oder Anfängermeetings ist die Erarbeitung von Lösungen dagegen förderlich, die auf einem längeren Entscheidungsprozess beruhen. Vorstands- und Aufsichtsratsentscheidungen basieren auf Grund des höheren Erfahrungsschatzes häufig auf Intuition. Genau wie auf dieser Ebene sollte auch eine Expertenentscheidung akzeptiert werden, die auf einem Bauchgefühl basiert. (2), (4), (7)

Wichtige Reziprozität zwischen Unternehmen, Lehre und Wissenschaft

Die Wichtigkeit für Unternehmen und führende Forschungsinstitute zur wechselseitigen Zusammenarbeit wird an Hand der durch Zusammenspiel von Kopf- und Bauchentscheidungen erzielten Ergebnisse offensichtlich.
Insbesondere Banken und Finanzdienstleister arbeiten zunehmend mit neuen Erkenntnissen aus Wissenschaft und Forschung. Ein Paradebeispiel dafür ist die Bank of America, die bei Investitionsentscheidungen und Prognosen nicht nur auf volkswirtschaftliche Größen wie Inflation, Zins oder Wechselkurse sondern auch auf Intuition ihrer Führungsebene vertraut.

Häufig wird sogar in modernen Business Schools noch gelehrt, eine Entscheidung rein nach pro und kontra zu treffen. In der Unternehmenspraxis führt jedoch genau dieses bewusste Entscheiden häufig zu großen Unsicherheiten. Der Mangel an Mut zur Intuitiventscheidung ist für Unternehmen sogar häufig teuer, da externe Beratungsunternehmen beauftragt werden müssen. (2), (5)

Bauchgefühl und Sympathie entscheiden über Personal und Arbeitgeber

Auch über den richtigen Arbeitgeber sowie über das richtige Personal entscheidet das Bauchgefühl wesentlich mit. Hochschulabgänger und qualifizierte Bewerber ziehen häufig das Internet als moderne Quelle bei der Auswahl des zukünftigen Arbeitgebers zu Rate. Auf Seiten wie jobvoting.de oder kununu.de werden Arbeitgeber von ehemaligen Angehörigen oder anderen Berufsanfängern bewertet. Neben dem Internet werden häufig auch Rankings, wie zum Beispiel die Hewitt-Studie - Top Companies for Leaders, oder die Topjob als Entscheidungshilfe heran gezogen.

Entscheidungen, die auf dieser Grundlage getroffen werden entpuppen sich später häufig als große Enttäuschung. Bei der richtigen Arbeitgeberwahl sollten insbesondere Faktoren, wie die persönliche Begegnung mit dem neuen Vorgesetzten und den neuen Mitarbeitern, die Einrichtung und Ausstattung der Räumlichkeiten sowie der Umgang zwischen den Mitarbeitern berücksichtigt werden. Diese Eindrücke fließen in der Regel jedoch eher unterbewusst ein und kommen im späteren Bauchgefühl zum Ausdruck. Ebenso fließt neben einer fundierten Fachkenntnis auch das Bauchgefühl und die Sympathie des Bewerbers bei erfahrenen Personalmanagern in eine Entscheidung ein.

Selten werden Bewerber nur auf Grund ihrer fachlichen Qualifikationen, die zum Teil sogar an Bedeutung verlieren, eingestellt. (6), (8)

Fallbeispiele

Die neue Entscheidungstheorie wird insbesondere in den Bereichen Marketing, Human Resources und Unternehmensführung angewendet. Vorreiter im Bereich Forschung und Unternehmenspraxis sind insbesondere die Princeton University im US-Bundesstaat New Jersey, die Universität Zürich, die Universität Bonn sowie das Berliner Max-Planck-Institut für Bildungsforschung.

Im Bereich Marketing wird häufig bereits das

sogenannte "Brain-branding" angewendet. Ziel dabei ist es, den Markennamen in den Kopf des Verbrauchers einzuprägen. Dabei hat sich bereits herausgestellt, dass die Einblendung des Namens zu Beginn eines Spots den Verbraucher am meisten prägt, sodass er häufig unterbewusst zu dem jeweiligen Produkt greift.

Im Bereich der Medizin haben sich führende Kliniken vorwiegend aus Gründen der Kostensenkung und zur Steigerung der Behandlungsqualität zur Einführung von Checklisten bei Aufnahme eines Notfalles entschieden. Die Checklisten wurde auf maximal drei Punkte reduziert, bei deren Beantwortung mit Ja der Patient auf die Intensivstation gelangt. (2)

Weiterführende Literatur

(1) Staffelbach, Bruno, Eine gute Intuition ist nicht immer logisch, Neue Züricher Zeitung, 07.09.2008, Nr. 36, S. 147
aus WirtschaftsWoche NR. 034 VOM 18.08.2008 SEITE 130

(2) Intuition siegt über Analyse Muss der Patient auf die Intensivstation? Welche Aktien sollte man kaufen? Experimente zeigen: Das Bauchgefühl entscheidet besser
aus DIE WELT, 09.09.2008, Nr. 212, S. 27

(3) "Psychische Effekte sind wirkungsvoller als Medikamente"
aus Frankfurter Allgemeine Zeitung, 16.10.2008, Nr. 242, S. 31

(4) "Der Bauch wird unterschätzt"
aus Frankfurter Allgemeine Zeitung, 18.10.2008, Nr. 244, S. C5

(5) "Wirtschaft muss verstehbar sein" Von komplizierten Modellen hält Holger Schmieding wenig. Der Chefökonom verlässt sich eher auf seine Intuition. Verständliche Analysen muss er schon mal in zwei Sätzen liefern FTD-Reihe Die Denker Der Lenker Teil 2: Holger Schmieding, Bank of America aus Financial Times Deutschland vom 05.09.2008, Seite 18

(6) Der Bauch sucht mit
aus Frankfurter Allgemeine Zeitung, 04.10.2008, Nr. 232, S. C1

(7) www.wirtschaftsblatt.at O-Ton
aus WirtschaftsBlatt, 18.08.2008, Nr. 3177, S. 10

(8) Was sagt mir mein Bauchgefühl?
aus Frankfurter Allgemeine Zeitung, 24.09.2008, Nr. 224, S. 34

Impressum

Managemententscheidungen - rational kontra intuitiv

Bibliografische Information der deutschen Nationalbibliothek

Die Deutsche Nationalbibliothek verzeichnet diese Publikation in der deutschen Nationalbibliografie; detaillierte bibliografische Daten sind im Internet über http://dnb.d-nb.de abrufbar.

ISBN: 978-3-7379-0215-1

© 2015 GBI-Genios Deutsche Wirtschaftsdatenbank GmbH, Freischützstraße 96, 81927 München, www.genios.de

Alle Rechte vorbehalten. Dieses Werk ist einschließlich aller seiner Teile − z.B. Texte, Tabellen und Grafiken - urheberrechtlich geschützt. Jede Verwertung außerhalb der Grenzen des Urheberrechtsgesetzes bedarf der vorherigen Zustimmung des Verlags. Dies gilt insbesondere auch für auszugsweise Nachdrucke, fotomechanische Vervielfältigungen (Fotokopie/Mikroskopie), Übersetzungen, Auswertungen durch Datenbanken oder ähnliche Einrichtungen und die Einspeicherung und Verarbeitung in elektronischen Systemen.